curiosidad por
EL FÚTBOL

POR LISA M. BOLT SIMONS

¿Qué te causa

curiosidad?

CAPÍTULO TRES

Jugar el juego
PÁGINA
16

Curiosidad por es una publicación de Amicus
P.O. Box 227, Mankato, MN 56002
www.amicuspublishing.us

Editora: Alissa Thielges
Diseñadora de la serie: Kathleen Petelinsek
Diseñadora de libro: Lori Bye
Investigación fotográfica: Omay Ayres

Información del catálogo de publicaciones
de la biblioteca del congreso
Names: Simons, Lisa M. Bolt, 1969- author.
Title: Curiosidad por el fútbol / por Lisa M. Bolt Simons
Other titles: Curious about soccer. Spanish
Description: Mankato, MN: Amicus, [2024] | Series:
Curiosidad por los deportes | Includes bibliographical
references and index. | Audience: Ages 6–9 | Audience:
Grades 2–3 | Summary: "Conversational questions and
answers, translated into Spanish, share what kids can expect
when they join a soccer team, including gear to pack, basic
rules, and different kicks to practice"—Provided by publisher.
Identifiers: LCCN 2022048074 (print) | LCCN 2022048075
(ebook) | ISBN 9781645496021 (library bound) | ISBN
9781681529202 (paperback) | ISBN 9781645496328 (ebook)
Subjects: LCSH: Soccer—Juvenile literature.
Classification: LCC GV943.25 .S4718 2024 (print) | LCC
GV943.25 (ebook) | DDC 796.334—dc23/eng/20221006
LC record available at https://lccn.loc.gov/2022048074
LC ebook record available at https://lccn.loc.gov/2022048075

Photo credits: Dreamstime/James Boardman 6; Getty/
amriphoto 18–19, FatCamera 4–5, Patrik Giardino, cover,
1; iStock/JohnnyGreig 14–15, Lorado 8, SDI Productions
12–13; Shutterstock/Anom Triwiyanto 17, artnana 9, muzsy
11 (t), Nomi2626 21 (trophy), PeopleImages.com - Yuri
A 21 (t), PRAIRAT FHUNTA 20, Rafal Olechowski 11 (b),
SuriyaPhoto 7, Vector Tradition 22 and 23 (icons)

Impreso en China

¿Qué edad debes tener para jugar?

Los niños y las niñas pueden empezar en el mismo equipo.

¡Muy joven! Los niños pueden empezar a jugar a los tres años de edad. Los principiantes aprenden las habilidades **básicas** del fútbol soccer. A medida que creces, aprendes más habilidades y juegas partidos. En algunos lugares, el fútbol soccer se juega en la primavera, el verano y el otoño.

¿Qué son los botines?

Son las zapatillas que usan los jugadores de fútbol soccer. Tienen tapones en la parte de abajo. Los botines se agarran al campo húmedo y embarrado. También son buenos en clima seco. Proporcionan **tracción** sobre el césped. Los jugadores de fútbol soccer también usan protectores para las **espinillas**. Protegen tus piernas en caso de que recibas una patada.

¿SABÍAS?

En otros países al fútbol soccer se lo llama solo fútbol. A las zapatillas con tacos se las conoce como «botines de fútbol».

Los tacos ayudan a que los jugadores no se resbalen cuando se mueven con rapidez.

¿Por qué el balón es blanco y negro?

Los balones de color blanco y negro son fáciles de ver.

En un principio, los balones de fútbol soccer eran completamente blancos. Después, en 1946, se empezó a transmitir el fútbol soccer por la TV. En ese entonces, la gente tenía televisores en blanco y negro. ¿Qué loco, no? La gente no podía ver los balones blancos. El balón blanco y negro se inventó para la Copa Mundial de 1970. Actualmente, los balones de fútbol soccer pueden ser de diferentes colores.

En un partido de 1951 en Rusia se usó un balón blanco.

CAPÍTULO DOS

¿Cuántas personas hay en un equipo?

Depende. Los niños de seis años o menos juegan en el 6U. Tienen entre cuatro y cinco jugadores y ningún **portero**. A medida que creces, los equipos tienen más jugadores. Los equipos **estándar** tienen 10 jugadores en el campo. También hay un portero.

Los jugadores se patean el balón entre sí mientras tratan de evitar a los jugadores del otro equipo.

POSICIONES DEL FÚTBOL SOCCER

dirección del juego

4 CARRILERO

9 DELANTERO

7 MEDIOCENTRO

3 DEFENSOR CENTRAL

8 MEDIOCENTRO OFENSIVO

1 PORTERO

6 MEDIOCENTRO DEFENSIVO

10 DELANTERO CENTRO

2 LÍBERO

5 LATERAL

11 EXTREMO

defensa

ataque

¿Quién será mi entrenador?

¡Tal vez tu mamá o tu papá! O el papá de un amigo. Los entrenadores de los niños pequeños suelen ser sus familiares. Los entrenadores de niños más grandes son **voluntarios**. Los entrenadores escolares están entrenados para dirigir a los equipos.

El entrenador enseña ejercicios que ayudarán a los jugadores a mejorar sus habilidades.

¿Con qué frecuencia son las prácticas?

Los niños practican cómo controlar el balón pateándolo alrededor de conos.

Suelen ser una o dos veces por semana. La práctica dura alrededor de una hora. Pero dependerá de tu edad. Los niños pequeños practican menos tiempo. Usan una cancha más pequeña. ¡No olvides llevar agua!

¿SABÍAS?

Al campo de fútbol soccer también se lo llama la «cancha».

¿Cómo anoto puntos?

¡Patea el balón y métrelo en el arco del otro equipo! Los mediocampistas mueven el balón por el campo. Se la pasan a un **delantero** o a un **delantero centro**. Estos jugadores patean hacia el arco. A los 12 años, los niños aprenden a dar cabezazos al balón. Pueden anotar de esta manera. ¡Nunca uses las manos!

PASE CORTO
USA EL INTERIOR DEL PIE

PASE MEDIO
PATADA BAJA Y POTENTE
CON EL EMPEINE DEL PIE

PASE LARGO
ARRASTRA EL PIE POR
DEBAJO DEL BALÓN

REMATE
USA LA PARTE SUPERIOR DEL PIE,
AL MEDIO DEL BALÓN

PATADA DE BICICLETA
DE ESPALDA A LA META, DEJARSE
CAER HACIA ATRÁS Y PATEAR
EL BALÓN HACIA ATRÁS COMO
PEDALEANDO UNA BICICLETA

TIPOS DE PATADAS

¿Qué cuenta como falta?

Un portero defiende el arco frente a un tiro de penal.

Una **falta** sucede cuando un jugador rompe alguna regla. Por ejemplo, si para obtener el balón hacen que otro tropiece, eso es una falta. Entonces, el otro equipo obtiene un tiro de **penal**. Los jugadores más grandes pueden recibir una tarjeta amarilla o tarjeta roja cuando cometen una falta. La amarilla es una advertencia. La roja significa que deben abandonar el juego.

¿Cuánto dura un partido?

Depende de la edad de los niños. El tiempo de juego se divide en dos mitades. Los partidos estándar duran 90 minutos en total. Pero los jugadores más jóvenes obtienen entre 20 y 40 minutos. El reloj avanza y solo se detiene en el medio tiempo. El medio tiempo no dura más de 15 minutos.

Para ganar se necesita práctica y trabajo de equipo.

PAÍSES QUE HAN GANADO MÁS COPAS MUNDIALES

Masculino:
Brasil
5

Femenino:
EE. UU.
4

HAZ MÁS PREGUNTAS

¿Qué significa penal?

¿Puede un portero hacer un gol?

Prueba con una PREGUNTA GRANDE:
¿Cómo puede mantenerte saludable el fútbol soccer?

BUSCA LAS RESPUESTAS

Busca en el catálogo de la biblioteca o en Internet.
Pueden ayudarte tus padres,
un bibliotecario o un maestro.

Usar palabras clave.
Busca la lupa.

Las palabras clave son las palabras más importantes de tu pregunta.

¿

Si quieres saber sobre:

- qué significa penal en fútbol soccer, escribe: SOCCER PENAL

- qué puede hacer un portero, escribe: OBLIGACIONES PORTERO DE SOCCER

GLOSARIO

básico Relacionado con las primeras partes o las partes más importantes de algo.

delantero Jugador que se mantiene cerca del arco del otro equipo para ayudar a anotar goles. Puede tratar de anotar o pasarle el balón a un delantero centro.

delantero centro La persona que está más cerca del arco cuya principal tarea es anotar.

espinilla Parte frontal de la pierna debajo de la rodilla.

estándar Aceptado y usado por la mayoría de los profesionales en el trabajo.

falta Acción que va en contra de las reglas por la que se castiga a un jugador.

penalización Castigo por romper alguna regla durante el juego.

portero Jugador que defiende el arco.

tracción El poder de agarre que evita que un cuerpo en movimiento se deslice.

voluntario Persona que trabaja sin que le paguen.

ÍNDICE

Acerca de la autora

Lisa M. Bolt Simons es una escritora y educadora jubilada que vive en Minnesota. Durante más de 10 años fue una mamá dedicada a acompañar a sus hijos mellizos (un niño y una niña) a las prácticas de fútbol soccer. Incluso fue su entrenadora durante un año. Le encanta investigar para escribir libros infantiles.